CHERNÓBIL

La catástrofe nuclear que impactó
al mundo entero

Por Aude Perrineau
En colaboración con Guillaume Hairy
Traducido por Marina Martín Serra

Historia en50MINUTOS.es

LA CATÁSTROFE NUCLEAR DE CHERNÓBIL

- **¿Cuándo?** El 26 de abril de 1986.
- **¿Dónde?** En Chernóbil (actual Ucrania).
- **¿Contexto?**
  - La URSS y su programa nuclear civil.
  - La construcción de la central de Chernóbil.
- **¿Principales protagonistas?**
  - Mijaíl Gorbachov, hombre de Estado ruso (nacido en 1931).
  - El equipo de la central de Chernóbil (los ingenieros y los bomberos).
- **¿Repercusiones?**
  - La descomposición del régimen soviético.
  - Una catástrofe humana y ecológica.
  - Reflexiones sobre la seguridad de la energía nuclear.

El 26 de abril de 1986, a la 01:22 de la mañana, Chernóbil, insignia de la tecnología soviética y símbolo del éxito del régimen comunista, todavía es la mayor central nuclear de la URSS. Un minuto después, cuando el reactor número 4 explota, se convierte en la espantosa representación de la impotencia humana. Esta central ucraniana, situada a 20 kilómetros de la frontera con Bielorrusia, forma una importante nube radioactiva que contaminará una gran parte de Europa. Todavía hoy, el lugar de la catástrofe está rodeado por una zona de exclusión inhabitable de un radio de 30 kilómetros, y los territorios contaminados se extienden a lo largo de decenas de miles de km^2.

Este dramático accidente, el más grave que jamás haya sufrido la industria electronuclear, ocupa un lugar especial en el imaginario colectivo de los europeos. El escenario de la catástrofe, con elementos como la tecnología descontrolada, la sucesión de errores humanos y la ocultación política, posee todos los elementos de una buena novela policíaca cuyo final se desconoce. No hay nada seguro acerca la catástrofe: ni el origen preciso de la explosión, ni las responsabilidades de la catástrofe, ni la cantidad de material radioactivo liberado, ni los efectos a largo plazo sobre la salud y el medio ambiente, ni tampoco el balance de pérdidas humanas. Entonces, hoy en día, ¿qué es lo que realmente se sabe sobre Chernóbil?

¿Sabías que...?

El nombre de Chernóbil constituye el símbolo de dos grandes tragedias del siglo XX, ya que también se llama así un pueblo judío ucraniano arrasado por las tropas alemanas durante la Segunda Guerra Mundial (1939-1945).

LA URSS Y SU PROGRAMA NUCLEAR CIVIL

En 1917, la Revolución de octubre provoca en Rusia la caída del emperador Nicolás II (1868-1918) y del régimen zarista, dando paso a la instauración del comunismo. En 1922 se funda la URSS, nuevo estado Federal. El partido único que dirige el país determina entonces la planificación de la economía y del desarrollo industrial. «El comunismo, es el poder soviético más la electrificación de todo el país»[1], declara Lenin (revolucionario y hombre de Estado ruso, 1870-1924) en 1920, vinculando estrechamente desde los orígenes el ideal comunista al progreso técnico y al desarrollo eléctrico (Ackerman 2006, 17).

De 1947 a 1991, la URSS y los Estados Unidos participan en un conflicto de larga duración: la Guerra Fría. Su oposición política e ideológica, nacida tras la Segunda Guerra Mundial, implica una carrera armamentística incesante en la que cada bando busca mantener la superioridad tecnológica sobre el otro. Después de haber fabricado su propia bomba atómica en 1949, la URSS continúa con el desarrollo nuclear con fines civiles y militares y, en 1952, Stalin (hombre de Estado soviético, 1878-1953) anuncia un programa de desarrollo electronuclear. En este contexto, lo nuclear se convierte en uno de los mayores símbolos del poder del comunismo, incluso quizás en el mayor. A mediados de los años sesenta, se valida un vasto plan de construcción de centrales, entre

---

1. Cita traducida por 50Minutos.es

las que se encuentra Chernóbil. Como todo lo que se refiere a la energía nuclear, lo que pasa en el interior de los complejos es un misterio. Al tratarse de la insignia de la tecnología soviética, están rodeados de un mito de fiabilidad y de seguridad absoluta.

LA CENTRAL DE CHERNÓBIL

En 1970, la construcción de la central de Chernóbil comienza a 130 kilómetros al norte de la ciudad de Kiev. Para acoger a los empleados y a su familia, se construye la ciudad de Prípiat a tres kilómetros del lugar. En 1977 se pone en marcha un primer reactor, seguido por un segundo al año siguiente, un tercero en 1981 y un cuarto —que será destruido por la explosión— en diciembre de 1983. Entonces, la central se convierte en la más importante de la URSS. Sin embargo, esto no es suficiente, y se llevarán a cabo nuevas obras para levantar dos reactores adicionales.

Todos son de tipo RBMK (acrónimo de *reaktor bolshoy mos-*

chnosti kanaly, «reactor de gran potencia de tipo canal»), más caros que los otros modelos. Sin embargo, son menos fiables. Aunque no originaron la catástrofe, algunas características técnicas de este tipo de reactor la amplificaron y favorecieron la explosión del reactor 4. Efectivamente, los reactores RBMK son particularmente difíciles de controlar y poseen un sistema de parada de emergencia demasiado lento y no muy fiable. Además, no disponen de recintos de contención lo suficientemente resistentes para evitar las fugas radioactivas en caso de accidente grave. Estos reactores, de fabricación soviética, fueron elegidos en base a criterios políticos y militares.

Sin embargo, la existencia de semejantes defectos técnicos no parece que incomode a algunos de los científicos soviéticos más eminentes, ya que uno de ellos, Anatoli Aleksandrov (1903-1994), que en ese momento era presidente de la Academia de Ciencias de la URSS, declara que un reactor RBMK es «tan seguro que incluso se podría instalar uno en la plaza Roja»[2] (*ib.*, 47).

CAMINO DE LA CATÁSTROFE

El accidente nuclear de Chernóbil no es el primero que sufre la URSS. Desde 1957 tienen lugar, por lo menos, una explosión, una fusión parcial del núcleo, un incendio en un reactor y numerosos episodios de sobrecalentamiento de reactores en diferentes centrales. En 1982, cuatro años antes de la

---

2. Cita traducida por 50Minutos.es

catástrofe, en el reactor número 1 de Chernóbil se produce una fusión parcial del combustible, pero se sofoca tan bien que no se informa ni a los directores de las otras centrales soviéticas, ni tampoco al dirigente de la época, Leonid Brezhnev (1906-1982). Sin embargo, el análisis posterior de estos accidentes habría podido permitir mejorar el funcionamiento de las centrales. No obstante, en esa época, las reglas de seguridad constituyen una preocupación menor en relación con la explotación máxima de las posibilidades de producción. Por todo esto, el mito del reactor infalible permanece muy arraigado en la mentalidad de la época.

La catástrofe nuclear de Chernóbil no se produce durante el funcionamiento rutinario de la central, sino durante un experimento de seguridad efectuado en el reactor número 4. El objetivo de este ejercicio es ver si, en caso de avería eléctrica, la rotación de las turbinas del generador que está acoplado al reactor puede permitir producir electricidad residual en suficiente cantidad como para que el sistema de enfriamiento del reactor continúe funcionando, mientras se activan los generadores de emergencia. Asimismo, prevé la desactivación de todos los sistemas de seguridad, contrariamente a lo que recomiendan las normas de seguridad. La central de Chernóbil acepta la misión, que se llevará a cabo el 25 de abril de 1986 por la noche, para no perturbar el suministro eléctrico de la ciudad de Kiev.

ACTORES PRINCIPALES

MIJAÍL GORBACHOV, HOMBRE DE ESTADO RUSO

Nacido el 2 de marzo de 1931 en la región de Stávropol (Norte del Cáucaso), Mijaíl Gorbachov proviene de una familia de agricultores. Tras haber trabajado como conductor de tractores, cursa estudios de derecho en Moscú, y después de agronomía. A continuación, escala posiciones hasta convertirse en miembro titular del Politburó (oficina ejecutiva del PCUS, Partido Comunista de la Unión Soviética), en 1980. En marzo de 1985, tras la muerte de Konstantin Chernenko (hombre de estado soviético, 1911-1985), es nombrado secretario general del PCUS, es decir, dirigente principal del país.

Socialista convencido pero reformador, pretende reorganizar un sistema que está en las últimas y lanza una vasta política de *perestroïka* («reestructuración») y de *glasnost* («transparencia») que ponen en marcha una liberalización económica, política y cultural. No obstante, la confrontación con la realidad resulta tan difícil que la *glasnost* pone en peligro al régimen, ya que lo desacredita delante de la población. Por su parte, la *perestroïka* desorganiza el sistema económico sin lograr transformarlo. Este empeoramiento de los problemas internos contrasta con los avances en materia de relaciones internacionales. En efecto, Gorbachov da comienzo a unas relaciones Este-Oeste menos tensas y se encuentra con los sucesivos presidentes americanos para hablar del desarme nuclear: algunos años más tarde, estas acciones le harán ganar el Premio Nobel de la Paz. En agosto de 1991, la disolución de la Unión Soviética se acelera a causa de una tentativa frustrada de golpe de Estado por parte de los conservadores. El 25 de diciembre del mismo año, Gorbachov se ve obligado a dimitir y dejar la presidencia de la URSS, que ha dejado de existir.

EL EQUIPO DE LA CENTRAL

Viktor Briujanov es el director general de la central de Chernóbil desde principios de los años setenta. Es un ingeniero inteligente y trabajador, pero no está especializado en el campo nuclear. En vista del experimento de seguridad que está previsto para el reactor número 4, envía el programa de la prueba a sus superiores jerárquicos, pero no recibe ninguna respuesta. Sin embargo, lejos de preocuparse por ese silencio —que es algo habitual en la burocracia soviética—, autoriza a su equipo a efectuar el experimento.

Briujanov normalmente está secundado por Nikolai Fomin, el ingeniero jefe, electricista de formación, que llega a Chernóbil en 1972. No obstante, la noche del dramático acontecimiento, ni Briujanov ni Fomin se encuentran en el lugar. Anatoli Diatlov, el ingeniero jefe adjunto, es quien está al mando. El hombre, que llega a Chernóbil en 1973, se encarga de la explotación del segundo reactor. Es él quien prepara el reactor número 4 según el programa validado por Fomin para realizar el experimento. Su equipo, entre otros, lo integran Alexander Akimov, el jefe de guardia del reactor, y Leonid Toptunov, el ingeniero jefe responsable del control del reactor.

La central posee su propia estación de bomberos, dirigida

por el mayor Leonid Telyatnikov. La noche del accidente, el teniente Vladimir Pravik y su equipo están de guardia. Finalmente, el teniente Víktor Kibenok es el responsable de la lucha antiincendios de Prípiat e intervendrá la noche de la catástrofe.

Tras los acontecimientos, Briujanov, Fomin y Diatlov se sientan en el banco de los acusados. Declarados culpables, los tres son condenados a penas de cárcel.

LA CATÁSTROFE NUCLEAR DE CHERNÓBIL

EL FUNCIONAMIENTO DEL REACTOR NÚMERO 4

Normalmente, un reactor nuclear aprovecha de forma controlada la reacción de fisión del núcleo del átomo de uranio. Durante esta reacción, un núcleo pesado se escinde en dos núcleos más pequeños bajo el impacto de un neutrón (elemento que constituye el núcleo atómico). La reacción emite otros neutrones y se acompaña de una enorme generación de calor y, por consiguiente, de energía. Los neutrones emitidos con la primera reacción provocan a su vez la fisión de otros núcleos. Así, asistimos a una reacción en cadena que se estabiliza en un momento dado con la captura permanente de una parte de los neutrones liberados. Los reactores nucleares se acoplan a generadores que permiten transformar el calor liberado en electricidad.

El reactor número 4 de Chernóbil es una cavidad de hormigón con un corazón de grafito, cuyo objetivo es ralentizar los neutrones para facilitar las reacciones de fisión («moderador»). Igualmente, en este corazón, encontramos cerca de 1700 columnas que contienen el combustible de uranio, así como alrededor de 200 barras de control que sirven para absorber el exceso de neutrones. Estas barras de control son móviles: se pueden levantar o bajar para ralentizar o acelerar la reacción en cadena.

LA SECUENCIA DEL ACCIDENTE

La noche del drama, debido a un error operacional, la potencia del reactor disminuye más de lo que estaba previsto y baja a un nivel en el que, a causa de su concepción, el reactor se vuelve particularmente inestable. En esa fase, el experimento se tendría que parar, pero no se hace, ya que Diatlov no quiere. Para hacer subir de nuevo la potencia, el equipo retira barras absorbentes y deja demasiado pocas en relación con las normas de seguridad. A continuación, los miembros del equipo se ven obligados a efectuar una serie de ajustes rápidos —y no siempre juiciosos— para mantener el nivel de potencia del reactor, que se ha vuelto muy inestable.

Cuando pasan 4 segundos de la 1:23 h, Toptunov se da cuenta de que este se embala. Akimov pulsa entonces el botón de parada de emergencia para reforzar las barras de control, pero su mala concepción modifica las condiciones termodinámicas del corazón y aumenta la reactividad. En el transcurso de pocos segundos, la potencia aumenta por 100 en relación con su valor nominal y el reactor explota, haciendo volar la pared de hormigón que lo recubría. Con el contacto del aire, el grafito empieza a quemarse a una temperatura superior a los 2000 °C, formando una columna de fuego en el cielo. Se producen varias explosiones con pocos segundos de diferencia que proyectan una lluvia de desechos incendiados y radioactivos, que crean varios focos de incendio y forman un campo de radiación de una intensidad extrema.

Foto del reactor número 4 tras la explosión.

Según el ingeniero nuclear Grigori Medvedev, el equipo de la central, al estar firmemente convencido de que un reactor no puede explotar, está seguro de que lo que está afectado es un depósito. Briujanov llega al lugar a las 02:30 h y habría llamado a Moscú para comunicar que el reactor estaba intacto y la situación radiológica era normal. Por otro lado, el Politburó y Gorbachov habrían sido informados de que se acababa de producir un grave accidente. Pocos minutos después de los hechos, llegan al lugar los tenientes Pravik y Kibenok, y después los refuerzos solicitados por el mayor Telyatnikov, que logran apagar los incendios secundarios tras varias horas de trabajo, evitando así que el fuego se propague hacia los otros reactores. Tras haber estado expuestos a demasiada radiación, son trasladados al hospital, donde muchos morirán después de un gran sufrimiento durante las semanas posteriores al accidente.

CHERNÓBIL DESDE EL CIELO

Igor Kostin (nacido en 1936), fotógrafo-periodista, sobrevuela la central pocas horas después de la explosión. Entonces, toma una perspectiva aérea del reactor que explotó. Es el único testimonio iconográfico existente del día del accidente. Tiene un aspecto borroso y granulado a causa de la intensidad extrema de las radiaciones. Las fotos que hace a continuación salen completamente negras y la cámara se bloquea tras la vigésima foto.

LA LIQUIDACIÓN

El término «liquidación» designa el trabajo que se llevó a cabo apresuradamente después de la explosión para parar el reactor y contener la fuga del material radioactivo. Los liquidadores llegan de toda la Unión Soviética, y son muy numerosos: se cuentan de 600 000 a 800 000 personas.

Son civiles y militares que se relevan durante varios años para minimizar la exposición individual a las radiaciones. Su trabajo transcurre en condiciones catastróficas, por culpa de un material que no está adaptado y de las radiaciones.

Foto de liquidadores.

Su primera tarea consiste en apagar el fuego de grafito y detener las reacciones nucleares en el reactor. Hasta el 10 de mayo, varios helicópteros que van rotando arrojan 5000 toneladas de materiales al corazón del reactor —boro, dolomita, arcilla, arena y plomo. Durante este tiempo, en el interior del reactor, el combustible de uranio fundido se mezcla con varios elementos y desechos que constituyen el corazón para formar un magma llamado corio. Formado a una temperatura muy elevada, está extremadamente caliente, es muy tóxico y radioactivo, y se acumula al fondo del depósito. Los ingenieros temen entonces que agujeree la pared de hormigón que forma el fondo del reactor, penetre en el subsuelo e interactúe con el agua. Por consiguiente, se moviliza a varios centenares de mineros para que caven una galería bajo el reactor con el objetivo de enfriarlo y aislarlo.

En la superficie, se intenta emplear a robots para limpiar el grafito y los otros residuos radiactivos que se hallan repartidos por el lugar. Puesto que los sistemas electrónicos no resisten al elevado nivel de radiación, se decide asignar la tarea a algunos hombres. Armados con palas, se relevan para hacer salidas relámpago de pocos minutos antes de volver para protegerse de las radiaciones. En los alrededores, se emprenden gigantescas obras de contención para intentar contener las aguas contaminadas, que finalmente resultan ineficaces. Para terminar, se construye un inmenso sarcófago alrededor del reactor, con 300 000 toneladas de acero y de hormigón, con la intención de confinar los materiales radioactivos restantes. Asimismo, se cavan apresuradamente entre 600 y 800 zanjas en el lugar para almacenar, sin ningún tipo de precaución, los residuos radiactivos.

¿SABÍAS QUE...?

Alrededor de un millón de m³ de material que se volvió radiactivo tuvo que ser abandonado en el lugar tras la liquidación. Principalmente, se trata de equipos de construcción.

LAS EVACUACIONES

Aunque se evoca muy pronto, el comienzo de las evacuaciones no se decide oficialmente hasta el 26 de abril por la noche. La ciudad de Prípiat queda desierta a partir del día siguiente por la tarde. Sus 49 000 habitantes, que en teoría tenían que marcharse solo durante dos o tres días, se llevan únicamente lo indispensable. Algunos días después, se toma la decisión de evacuar a la población en un radio de 30 kilómetros alrededor de la central. Así, la ciudad de Chernóbil, situada a 20 kilómetros del lugar de la catástrofe, no se evacúa hasta el 5 de mayo. Los animales domésticos se sacrifican, y se queman sus cadáveres. Las viviendas se destruyen para disuadir a sus habitantes de la idea de volver, y se entierran pueblos enteros: las casas se precipitan al interior de grandes fosas cavadas por buldóceres y recubiertas de tierra. En total, en 1986, se lleva a cabo la evacuación de 135 000 personas en Ucrania, 25 000 en Bielorrusia y 1000 en Rusia. En el transcurso de los años siguientes se decidirá llevar a cabo nuevas evacuaciones, y 250 000 personas más serán desplazadas hasta 1995.

EUROPA CONTAMINADA

Mientras dura el fuego de grafito, los residuos que se liberan forman una nube de partículas radiactivas que se esparcen por la atmósfera. Se desconoce la cantidad de material radiactivo liberado durante la catástrofe: únicamente se tienen estimaciones más o menos fiables. Algunos piensan que el reactor, que contenía al principio 190 toneladas de uranio, todavía está casi lleno, mientras que otros estiman que está casi vacío. En todo caso, la larga duración de la emisión de elementos radiactivos, la gran altitud alcanzada (entre 1 y 1,5 kilómetros) y los cambios de dirección de los vientos favorecen la contaminación a gran distancia en casi toda Europa. El 26 de abril, día del accidente, los residuos van hacia el noroeste, y llegan en primer lugar a Bielorrusia y Escandinavia. Al día siguiente, se dirigen hacia el oeste de Europa, y luego hacia el este. La nube llega incluso a Japón, pero el nivel de radiactividad detectado allí es muy bajo.

Los depósitos en el suelo resultantes de estos residuos presentan una gran heterogeneidad y son más importantes allí donde los residuos se encontraron con precipitaciones. Este fenómeno produce una contaminación «con manchas de leopardo», responsable de importantes variaciones de los niveles de radiactividad a corta distancia. El 70 % de la radiactividad se concentra en Bielorrusia, en Ucrania y en Rusia. Las zonas oficialmente reconocidas como contaminadas cubren 42 000 km^2 en Ucrania, 46 000 km^2 en Bielorrusia y 57 000 km^2 en Rusia. Actualmente, cinco millones de personas viven todavía en zonas afectadas. De estas, 100 000 viven en zonas contaminadas.

EL SILENCIO DE LAS AUTORIDADES

Las autoridades, fieles a sus costumbres, no dejan que se filtre ninguna información. El accidente no se anuncia hasta dos días después de que haya ocurrido, a través de un comunicado de prensa lacónico, seguido de una breve mención en el telediario de la noche. Los comunicados oficiales de los días posteriores son muy tranquilizadores y repiten que la situación no deja de mejorar. La URSS, que teme las repercusiones que el accidente podría tener en la prensa internacional, rechaza la propuesta de ayuda americana el 29 de abril, afirmando que todos los problemas se han resuelto. En Kiev, las celebraciones del 1 de mayo transcurren con normalidad, mientras que la radioactividad es muy superior a la normal. Finalmente, el 14 de mayo de 1986 tiene lugar una intervención televisada de Gorbachov: el accidente todavía se minimiza, pero se reconoce oficialmente.

La reacción de las autoridades se explica al mismo tiempo por su costumbre de camuflar los problemas y por la dificultad que tienen para hacer frente a un accidente tan imprevisto. Las evacuaciones se llevan a cabo muy tarde y no se toma ninguna medida para proteger a la población frente a las primeras radiaciones, aunque existan soluciones. Los liquidadores también sufren las consecuencias de esta política: las dosis de radiación que reciben se minimizan, mientras que las instrucciones médicas prohíben establecer un vínculo entre la radiación y las patologías desarrolladas por algunos.

En un segundo momento, el accidente se dramatizará para resaltar la valentía de los soviéticos: la liquidación se narra como una guerra contra un enemigo invisible en la que los liquidadores son verdaderos héroes y se apoya a las autoridades encargadas de la liquidación por sus acciones. A pesar del peligro de las radiaciones, se planta una bandera soviética en la cima de la chimenea del redactor destruido al final de los trabajos. Una banderilla pegada al lado proclama que «el pueblo soviético es más fuerte que el átomo»[3] (Werth 2006, 73).

¿QUIÉN ES EL RESPONSABLE?

En julio de 1987, un proceso de algunas semanas a puerta cerrada culmina en la condena de los principales dirigentes de la central, Briujanov, Fomin y Diatlov, condenados a varios años de encarcelamiento. Akimov y Toptunov, que estuvieron expuestos a mucha radiación, ya han muerto. Los errores de estos hombres son muy graves: efectuaron un experimento sin la autorización de los superiores de su jerarquía, en la ausencia de un responsable, de noche y durante el fin de semana. Se equivocaron en sus cálculos de partida, efectuaron manipulaciones erróneas e incumplieron las reglas

---

3. Cita traducida por 50Minutos.es

de seguridad en varias ocasiones, sin tomar consciencia de que la situación empeoraba rápidamente. Sin embargo, son también víctimas de un sistema defectuoso que necesitó chivos expiatorios. Mal formados, con responsabilidades que no se adaptaban a sus competencias y engañados sobre la fiabilidad de los reactores, están convencidos que no han cometido ningún error y defienden su inocencia hasta el día de su juicio. En 1990 serán parcialmente rehabilitados.

El accidente es el resultado de una falta general de «cultura de seguridad», ya sea a nivel de la concepción del reactor o de la formación del personal. Refleja la incompetencia general de los responsables, a todos los niveles de la jerarquía, encargados de administrar la energía nuclear sin ser especialistas. Algunos dirigentes de la energía y del ámbito nuclear se ven igualmente obligados a rendir cuentas. Gorbachov se defiende asegurando que no tenía conocimiento de la gravedad de la situación. Algunos tienen más escrúpulos, como Valeri Legasov (científico soviético, 1936-1988), ferviente defensor de la energía nuclear y miembro de la comisión encargada de los trabajos de liquidación, que se suicida en abril de 1988 dejando un texto en el que denuncia el funcionamiento absurdo de un sistema que ha conducido a la catástrofe.

REPERCUSIONES

UN SISTEMA POLÍTICO QUEBRANTADO

El accidente, además de revelar la obsolescencia de las centrales y el espejismo de la tecnología soviética, tiene otras consecuencias: desvela los fallos de un sistema político enfermo en su conjunto, mostrando los efectos desastrosos de la cultura del secreto, de la compartimentación de la información y de la poca importancia otorgada a los individuos. Por consiguiente, conlleva una pérdida de confianza de la población respecto a sus dirigentes. La voluntad de transparencia mostrada por Gorbachov choca de lleno con la catástrofe, que acelera esta política de apertura y muestra, al mismo tiempo, la dificultad de su aplicación: aunque la información sobre Chernóbil se expande, sigue muy controlada.

La catástrofe, que se convierte en un elemento de la protesta nacional ucraniana, participa a la disolución de la URSS. Efectivamente, la movilización de los movimientos independentistas de las diferentes nacionalidades que forman la Unión Soviética es uno de los factores que condujeron a su desaparición. Sin embargo, Ucrania es la segunda república de la Unión por orden de importancia, detrás de Rusia. Las manifestaciones empiezan en ella a principios de 1987, mientras que la magnitud de la catástrofe se difunde, y continúan durante los años posteriores. Más ampliamente, el acontecimiento sirve como punto de apoyo para la oposición y para el despertar de la consciencia nacional ucraniana.

CONSECUENCIAS PARA LA SALUD DESCONOCIDAS

Hay que diferenciar la fase accidental, peligrosa por la exposición externa a las radiaciones y cuyos efectos se manifiestan con rapidez, que es la que afectó a los liquidadores, de la fase post-accidental, nociva por la contaminación interna crónica, que afecta actualmente a los habitantes de las zonas contaminadas. Esta contaminación crónica es débil en términos absolutos, pero su repetición cotidiana produce efectos a largo plazo cuya naturaleza precisa e importancia son todavía desconocidas. Se sabe que los elementos radiactivos producen cánceres de tiroides (contaminación por yodo-131) o de la médula espinal, leucemias y mutaciones genéticas. Las investigaciones llevadas a cabo en la zona contaminada sugieren que la radioactividad habría originado otras patologías, como enfermedades cardiovasculares, cataratas, envejecimiento precoz, debilitación del sistema inmunitario y malformaciones congénitas.

LA DESINTEGRACIÓN DE LOS ELEMENTOS RADIACTIVOS

Los elementos radiactivos se desintegran según un período propio. El período es la duración necesaria para que la mitad de la cantidad inicial de elementos se desintegre. El yodo-131, por ejemplo, tiene un período de 8 días: pasado este tiempo, la mitad de la cantidad inicial de átomos ha desaparecido; al final de 16 días, queda un cuarto, y así sucesivamente. Así pues, este isótopo fue eliminado durante las semanas que siguieron al accidente. Pero habrá que esperar más tiempo para el estroncio-90 (28 años), el cesio-137 (30 años) y, sobre todo, para el plutonio-239 (más de 24 000 años). Este último es un isótopo pesado, por lo que sus residuos están concentrados en los alrededores de la central.

UN BALANCE HUMANO SUJETO A CONTROVERSIA

El balance oficial presentado conjuntamente por la AIEA (Agencia Internacional de la Energía Atómica) y la OMS (Organización Mundial de la Salud) en 2005 cuenta 56 muertos y 4000 posibles muertes adicionales en un futuro. Sin embargo, varios investigadores independientes y organizaciones ecologistas protestan contra este balance: denuncian la influencia del poderoso lobby nuclear. Greenpeace, por su parte, avanza que el número de muertes producidas a lo largo de estos 15 últimos años ha sido de 200 000, y estima que la exposición a las partículas radiactivas causará en el futuro 270 000 cánceres, de los que 93 000 serán mortales.

Los contestatarios insisten en el hecho de que los informes oficiales se aprovechan de la falta de seguimiento voluntario de la salud de los liquidadores y minimizan las dosis de radiación recibidas por la población. Además, se basan en datos oficiales y no en datos recopilados sobre el terreno, ignoran los efectos a largo plazo y no tienen en consideración las patologías no mortales. Finalmente, atribuyen el aumento de los cánceres a razones independientes al accidente y los problemas sanitarios a una simple radiofobia de la población.

UNA RUINA ECONÓMICA

La catástrofe precisa gastos extraordinarios en una coyuntura difícil. La OMS los estima en centenares de miles de millones de dólares durante 20 años. Esta suma tiene en cuenta los daños directos, los gastos de liquidación, los gastos médicos, las evacuaciones, las indemnizaciones para las víctimas, así como las investigaciones realizadas sobre las consecuencias sanitarias y medioambientales, sin olvidar la vigilancia del lugar de la catástrofe. El accidente conlleva igualmente importantes pérdidas territoriales a largo plazo, puesto que millones de hectáreas fueron contaminadas y se volvieron no aptas para la explotación agrícola y forestal.

La inmensidad de los gastos generados por el accidente confirmó la decisión de Gorbachov de renunciar a la carrera armamentística con los Estados Unidos. Bielorrusia, con aproximadamente un 25% de su territorio contaminado, dedica durante los primeros años cerca de un cuarto de sus ingresos a la gestión de la catástrofe. Puesto que el sarcófago mostró importantes signos de debilidad, se está construyendo un nuevo confinamiento para recubrir al antiguo, que debería estar listo en 2017. Ucrania debió recurrir a la ayuda internacional para poder financiar su gestión de la catástrofe.

EL DUELO IMPOSIBLE DE LOS RMBK

El accidente no altera la postura de los dirigentes soviéticos en relación con el desarrollo de la energía nuclear. Tras haberse declarado su independencia de la URSS en 1991, Ucrania sigue atada a esta energía porque es la que le permite asegurarse una imagen de independencia energética con respecto a Rusia. Así, a principios de los años ochenta, el 30% de su electricidad es de origen nuclear.

Las enormes dificultades financieras de los países del Este son un freno considerable al correcto mantenimiento de los reactores y a su mejora técnica, pero estos países están en crisis energética perpetua, por lo que los imperativos económicos siguen siendo prioritarios. Así pues, la central de Chernóbil continúa funcionando hasta el año 2000. La noche del 11 al 12 de octubre de 1991, se produce una explosión en la sala de máquinas del segundo reactor. Aunque no se ve afectado, lo detienen de inmediato y de forma definitiva. El cierre completo de la central, que en 1990 se había previsto inicialmente para el año 1993, no se decide hasta 1995, a cambio de una ayuda financiera internacional para compensar las pérdidas de electricidad y mantener los empleos. Actualmente, hay 11 reactores del mismo tipo que siguen siendo explotados; todos se encuentran en Rusia.

REFLEXIONES ALREDEDOR DE LA CUESTIÓN NUCLEAR

El accidente suscita en Europa una gran emoción que moviliza a la población y los movimientos ecologistas alrededor de un vasto debate sobre la seguridad nuclear. Los distintos Estados reaccionan a la cuestión de formas diferentes: algunos modifican su política energética, mientras que otros eligen continuar por la vía nuclear. Tras una ralentización, hoy en día esta industria vuelve a conocer un desarrollo, en particular en los países emergentes.

En el plano institucional, después del accidente en toda Europa se inician reflexiones sobre la gestión de una crisis nuclear, de un refuerzo de la cultura de la seguridad, de la exploración de nuevas posibilidades de accidentes y de un refuerzo de las redes de vigilancia del entorno. Asimismo, la catástrofe abre la vía para una mejor coordinación transfronteriza, con la firma de convenciones internacionales sobre la seguridad, la información y la asistencia en materia de problemas en la cuestión nuclear civil.

EN RESUMEN

- La catástrofe nuclear que tiene lugar en Chernóbil el 26 de abril de 1986 no es un accidente durante el funcionamiento rutinario de una central nuclear. Se produce a causa de una fase de experimentación que sale mal y la explosión del reactor número 4 es la consecuencia de una cadena de errores humanos. No obstante, sus consecuencias no habrían sido tan dramáticas si el reactor hubiera estado mejor concebido.

- El Gobierno soviético, desprevenido ante un accidente que se creía imposible, lo esconde y luego, una vez reconocido, suaviza su magnitud. Aunque la catástrofe se presenta como un acelerador de la transparencia alrededor de la cuestión nuclear en el Este y en el Oeste, todavía está rodeada de zonas oscuras.

- La liquidación, cuyo objetivo es contener el material radiactivo para impedir su propagación, precisa medios colosales en condiciones de trabajo particularmente duras. Sin embargo, todavía no se ha terminado: se está construyendo un nuevo sarcófago, que debería acabarse en 2017, mientras se espera una solución definitiva.

- La explosión del reactor comporta la contaminación a largo plazo de los ecosistemas y de las poblaciones que viven en la región. Las zonas más contaminadas se evacúan progresivamente. Puesto que el accidente no tiene precedentes, todavía se desconocen en parte sus consecuencias sanitarias reales. Se determinarán a través de los efectos a largo plazo de la radiactividad en el organismo.

- El balance humano actualmente es un amplio campo de batalla. Los científicos se disputan con acusaciones de cálculos falsos o amañados, de estudios y evaluaciones mal hechos, de datos de partida modificados o sin comprobar, de normas inadaptadas y de criterios de referencia infundados.

- El accidente de Chernóbil conduce a todos los países a volver a examinar la seguridad de sus instalaciones y sus planes de acción en caso de accidente. En Europa del Este, se han aportado mejoras técnicas a los reactores más peligrosos, pero la desastrosa situación económica y las necesidades energéticas disuaden a las autoridades de cerrarlos por completo.

- Chernóbil es, al mismo tiempo, un acontecimiento histórico, una catástrofe tecnológica, un enigma sanitario, un argumento para el debate sobre la cuestión nuclear, así como un objeto de estudio sociológico y de reflexión filosófica. Así pues, su historia todavía no ha terminado de escribirse.

¡Tu opinión nos interesa!
¡Deja un comentario en la página web de tu librería en línea,
y comparte tus favoritos en las redes sociales!

PARA IR MÁS ALLÁ

FUENTES BIBLIOGRÁFICAS

- Institut de radioprotection et de sûreté nucléaire, "Accident de Tchernobyl, déplacement du nuage radioactif au-dessus de l'Europe entre le 26 avril et le 10 mai 1986". Consultado el 21 de septiembre de 2014. http://www.irsn.fr/FR/popup/Pages/tchernobyl_video_nuage.aspx
- Ackerman, Galia. 2006. *Tchernobyl, retour sur un désastre*. París: Buchet/Chastel.
- Agencia para la energía nuclear (OCDE). 2002. *Tchernobyl : évaluation de l'impact radiologique et sanitaire*. París: Éditions de l'OCDE.
- Belbéoch, Bella y Roger Belbéoch. 1993. *Tchernobyl, une catastrophe. Quelques éléments pour un bilan*. París: Allia.
- Castanier, Corinne. 2005. "L'Agence internationale de l'énergie atomique et son directeur général, lauréats 2005 du prix Nobel de la paix. L'avenir s'assombrit encore pour les victimes de Tchernobyl". *Trait d'union*, n.° 32/33, 24-30.
- Coumarianos, Philippe. 2000. *Tchernobyl après l'apocalypse*. París: Hachette Littératures.
- Deléage, Jean-Paul. 2006. "Rapport secret sur les défauts de la centrale de Tchernobyl". *Écologie & Politique*, n.° 27, 227-231.
- Descolonges, Michèle. 2006. "Perte de la foi communiste après Tchernobyl". *Écologie & Politique*, n.° 32, 37-52.
- Deshusses, Henri-Paul. 1997. *La radioactivité dans tous*

ses états. Ginebra, Georg Éditeur, 1997.

- Grandazzi, Guillaume y Frédérick Lemarchand. 2004. *Les silences de Tchernobyl. L'avenir contaminé*. París: Autrement.

- Greenpeace. 2006. *La catastrophe de Tchernobyl. Conséquences sur la santé humaine*, Amsterdam.

- Greenpeace. 2006. "Le nombre de victimes de Tchernobyl largement minimisé. Une étude révèle l'ampleur réelle de la catastrophe". 19 de abril.

- Jacquemin, Didier. 2013. *Les accidents de fusion du cœur des réacteurs nucléaires de puissance. État des connaissances*. Nanterre: EDP Sciences.

- Kostine, Igor. 2006. *Tchernobyl, confessions d'un reporter*. París: Éditions des Arènes.

- Kozovoï, Andreï. 2011. *La chute de l'Union soviétique 1982-1991*. París: Éditions Tallandier.

- Legassov, Valeri. 1988. "Mon devoir est d'en parler". *La Pravda*. 20 de mayo.

- Medvedev, Grigori. 1990. *La vérité sur Tchernobyl*. París: Albin Michel.

- Oms-Aiea-Pnud. 2005. "Tchernobyl : l'ampleur réelle de l'accident". 5 de septiembre.

- Organización mundial de la salud. 1996. *Les conséquences sanitaires de l'accident de Tchernobyl*. Ginebra.

- Robeau, Daniel. 2001. *Catastrophes et accidents nucléaires dans l'ex-Union soviétique*. Nanterre: EDP Sciences.

- Tchertkoff, Wladimir. 2006. *Le crime de Tchernobyl ou le goulag nucléaire*. París: Actes Sud.

- Werth, Nicolas. 2006. "Tchernobyl : enquête sur une catastrophe annoncée". *L'Histoire*. n.º 308, 66-75.

FUENTES COMPLEMENTARIAS

- Alexievitch, Svetlana. 2000. *La supplication. Tchernobyl, chroniques du monde après l'apocalypse*. París: J'ai lu.
- Charpak, Georges, Richard Garwin y Venance Journé. 2005. *De Tchernobyl en Tchernobyls*. París: Odile Jacob.
- Commeau-Rufin, Irène. 1986. "La Catastrophe de Tchernobyl, miroir de la presse soviétique". *Politique étrangère*. n.° 3, 711-726.
- Goujon, Alexandra, Jean-Charles Lallemand y Virginie Symaniec. 2001. *Chroniques sur la Biélorussie contemporaine*. París: L'Harmattan.
- Grandazzi, Guillaume y Frédérick Lemarchand. 2003. "Témoigner sur Tchernobyl: les sciences humaines et l'art face à la catastrophe", en Dépelteau, François y Aurélie Lacassagne. 2003. *Le Bélarus: l'État de l'exception*, 363-380. Quebec: Presses de l'université Laval.
- Graziosi, Andrea. 2010. *Histoire de l'URSS*. París: Presses universitaires de France.
- Lemarchand, Frédérick. 2011. "Visitez Tchernobyl! Le 'tourisme de catastrophe' en question". *Les Échos*. 19 de mayo.
- Schreiber, Thomas. 1986. "Tchernobyl et les médias en Europe de l'Est". *Politique étrangère*. n.° 3, 697-701.
- Tertrais, Bruno. 2011. *Atlas mondial du nucléaire*. París: Autrement.
- Urbanowicz, Cristophe. 1995. *L'empire nucléaire éclaté*. París: Éditions Michalon.
- Welsh, Henry. 1990. "Cinéma soviétique. Tchernobyl au cinéma: la sombre prémonition". *Ciné-Bulles*, vol. 9, n.° 4, 4-7.

- Werth, Nicolas. 2008. *Histoire de l'Union soviétique.* París: Presses universitaires de France.

FUENTES ICONOGRÁFICAS

- Foto del reactor número 4 tras la explosión. La imagen reproducida está libre de derechos.
- Foto de los liquidadores. La imagen reproducida está libre de derechos.

DOCUMENTALES

- *La Vie contaminée, vivre avec Tchernobyl.* Documental dirigido por David Desramé y Dominique Maëstrali. Francia, 2001.
- *Pouvons-nous vivre ici?.* Documental dirigido por Sylvaine Dampierre. Francia, 2002.
- *Tchernobyl, un alibi en béton.* 2002. Documental dirigido por Bente Milton, Sabine Kemper y Jørgen Pederson. Alemania-Dinamarca, 2002.
- *Controverses nucléaires.* Documental dirigido por Wladimir Tchertkoff. Suiza, 2003.
- *Le Sacrifice.* Documental dirigido por Emanuela Andreoli y Wladimir Tchertkoff. Suiza, 2003.
- *La Bataille de Tchernobyl.* Documental dirigido por Thomas Johnson. Francia, 2006.
- *Le Soleil et la mort: Tchernobyl et après.* Documental dirigido por Bernard Debord. Francia, 2006.
- *L'Europe et Tchernobyl.* Documental dirigido por Dominique Gros. Francia, 2006.
- *Paradis trompeur.* Documental dirigido por Marion

Pöllmann. Alemania, 2009.
* *Tchernobyl, une histoire naturelle?*. Documental dirigido por Luc Riolon. Francia, 2009.
* *Tchernobyl forever*. Documental dirigido por Alain de Halleux. Francia, 2011.

MUSEO Y EDIFICIOS CONMEMORATIVOS

* El museo de Chernóbil en Kiev, Ucrania.
* En Kiev se han erigido numerosos monumentos conmemorativos dedicados a los bomberos, liquidadores y víctimas del accidente nuclear.